Omnipresent
Love

Amor Omnipresente

Omnipresent Love (Amor Omnipresente) Poetry Book
Author: Henry Joshua Nicol
3625 Ames St. Wheat Ridge, CO 80212-7086
Phone: (303) 420-1081
Fax: (303) 420-1086

Henry Joshua Nicol

PAGE PUBLISHING, INC.
Conneaut Lake, PA

Primera publicación original de Page Publishing 2020

ISBN 978-1-64334-689-2 (Versión Impresa)
ISBN 978-1-64334-690-8 (Versión electrónica)

Libro impreso en Los Estados Unidos de América

"Healing the world with poems, is this author's way of expressing his care for mankind. Inspiration is manifested throughout all his poems. In the world of poetry, Henry Joshua Nicol has to be one of my all-time favorites for his sublime but powerful voice. Nicol's poems are ageless and they will be inspiring millions of people for centuries to come. You don't just read these poems— you feel them, you identify with them, you cherish them. They get inside your soul and materialize in your thoughts even in the most subtle way. What's more, he's an advocate for infinite good found everywhere, infinite mind manifested in the universe, and a real deal in metaphysical meaning."
—Vida Amor Nicol De Paz
Fundación del Bosque Tropical
Planeta Verde Televisión-PVT

"Curar al mundo con poemas, es la forma en que este autor expresa su preocupación por la humanidad. La inspiración se manifiesta en todos sus poemas. En el mundo de la poesía, Henry Joshua Nicol tiene que ser uno de mis favoritos de todos los tiempos por su voz sublime pero poderosa. Los poemas de Nicol son eternos e inspirarán a millones de personas en los siglos venideros. No solo lees estos poemas, los sientes, te identificas con ellos, los aprecias. Entran en tu alma y se materializan en tus pensamientos incluso de la manera más sutil. Lo que es más, es un defensor del bien infinito que se encuentra en todas partes, la mente infinita manifestada en el universo y un verdadero trato en el significado metafísico".
—Vida Amor Nicol de Paz,
Fundación del Bosque Tropical
Planeta Verde Televisión-PVT

Preface

I am honored to dedicate my poetry in English and in Spanish to the world and especially in these difficult times that we have. I know that my experiences that I have had since my early childhood have given me solutions for many of the challenges that our world faces today.

I support the protection of the environment since I believe that it is our duty to protect what God has given us and not to be destructive to flora and fauna and that wars between humans should be resolved in a peaceful and cordial way.

I also address homelessness, drug abuse, abuse of the elderly, and to prayerfully resolve hateful issues between religions through prayerful and diplomatic negotiations.

My poetry includes all the above presented artistically in my poem *"Art Sublime"*. I have also shared my poetry in the past with *Arcón de Poesía* and *El Pensador* in Guatemala, and with *poetry.com* and with the *National Library of Poetry* in the U S A.

Today the world needs not chemicals or nuclear warfare nor any warfare but consciously to pray in a mental environment of peace and love and sincerity in the omnipresence of God's love.

Prefacio

Me encuentro honrado en dedicar mi poesía en inglés y en español al mundo, y en especial en estos tiempos difíciles en la que nos encontramos. Yo sé que las experiencias que he tenido desde mi niñez me han dado soluciones para muchos de los desafíos que nuestro mundo enfrenta hoy en día.

Yo respaldo la protección del medio ambiente ya que creo que es nuestro deber de proteger lo que Dios nos ha otorgado, y no ser destructivo a la flora y fauna; y que las guerras entre los humanos deben de ser resueltas de una manera pacífica y cordial.

Yo también abordo problemas de la falta de hogar, abuso de los ancianos, y de resolver asuntos de odio entre religiones por medio de la oración y de negociaciones diplomáticas.

Mi poesía incluye todo lo mencionado y presentado de manera artística en mi poema *Arte Sublime (Art Sublime)*. También he compartido mi poesía en el pasado con *Arcón de Poesía* y el *Pensador en Guatemala*, y con poetry.com y con el *National Library of Poetry* en los Estados Unidos de América.

Hoy el mundo necesita no la guerra química o nuclear ni ninguna otra guerra, sino que conscientemente ore en un ambiente mental de paz, y amor, y sinceridad en la Omnipresencia del amor de Dios.

Prólogo

Por **Mustafa Akalay Nasser**.

Es para mí un gusto escribir el prólogo del libro *"Amor Omnipresente"* del poeta guatemalteco-estadounidense **Henry Joshua Nicol**.

Tienes lector, entre las manos, un libro que, ya de entrada, y sin miedo a caer en el gastado tópico al uso, me aprestaría a calificar de singular. Su singularidad, gravita, a mi entender, en la extraordinaria afinidad, de fondo y forma, que guardan entre sí estos poemas.

Henry Joshua Nicol no se detiene en una zona de destrezas y asombros, desde sus primeras composiciones asocia hechizo y profundidad: *Arte sublime, Amor Omnipresente, La Princesa Indígena, En la costa del tiempo, Una oración por la paz.*

Henry Joshua Nicol, con una obra poética ya afianzada, además de ser poeta de máximas, presenta en *"Amor Omnipresente"* una continuación de la poética de su etapa anterior cuando fue miembro del *Arcón de Poesía* y el título es manifiesto: Entre el sueño y la conciencia, entre la realidad y el ensueño, y el resultado son unos poemas que se leen con todo deleite, con un buen sentido del ritmo, que van ofreciendo sorpresas en sus imágenes sin por ello presentar particulares dificultades de lectura. Así, los contenidos de que se habla: El amor, la espiritualidad, la paz, la protección del medio ambiente, la defensa de los sin techo a que tengan un hogar digno, el fin de las guerras, el dialogo interreligioso, los días de luz junto al mar, pero también lo que pasa cuando no pasa nada, se dan en un lenguaje que aúpa el vuelo, un enunciado, en fin de eficacia poética.

Poemas en su precisión extraordinariamente metafóricas invitan a una certeza. Una mística del amor y sobre todo una invitación a la vitalidad de creer, a empaparse del amor de Dios.

Henry Joshua Nicol es la sorpresa poética constante y bien escrita, de destello brillante como inusitado rayo de luz, como una carcajada, cuando una carcajada es provechosa. Con felices hallazgos *"En brazos del divino amor"* o sobre lo sacro *"Una solución sagrada"*. Sus símiles podrían estar en los cantares y en las oraciones *"Una oración para la paz"*. Y proverbial su deseo de un mundo mejor con un poema titulado *"El nuevo orden mundial"*.

"Amor Omnipresente" es un libro original, su originalidad, finca, a mi parecer, en la insólita aproximación, de fondo y forma, que guardan entre si estos poemas, pese que muchos de ellos fueron escritos en fechas dispares. Puede haber tonalidades, variadas modulaciones, pero es siempre la misma voz, la de un rapsoda que sabe lo que dice y cómo decirlo, la de un trovador que se siente engarzado en una rica tradición sufí o mística la del murciano Ibn Arabi , filosofo , viajero, sabio musulmán andalusí, y autor de este maravilloso poema:

"Mi religión es el amor"
"Hubo un tiempo,
en el que rechazaba a mi prójimo
si su fe era mía.
ahora mi corazón es capaz
de adoptar todas las formas:
es un prado para las gacelas
y un claustro para los monjes cristianos,
templo para los ídolos
y la Kaaba para los peregrinos
es recipiente para las tablas de la Torá
y los versos del Corán
porque mi religión es el amor
da igual
a dónde vaya la caravana del amor
su camino es la senda de mi fe"

La poesía de **Henry Joshua Nicol,** un poeta maduro, derecho y completo, es un cuerpo cuyas articulaciones: son la medida, el ritmo y la melodía. De su ajuste depende la respuesta del oído una vez recitada.

Espero que este poemario, estas páginas, no dejen el lector ileso al terminar de leerla… que le remueva y le excite.

Prologue

By **Mustafa Akalay Nasser.**

It is a pleasure for me to write the foreword to the book *"Omnipresent Love"* written by Guatemalan American poet Henry **Joshua Nicol.**

Reader, you have in your hands, a book that, right off the bat and without fear, I would dare to call it "unique". Its uniqueness, lies, in my opinion, in the extraordinary affinity, background and form, that these poems share in common.

Henry Joshua Nicol does not stop in an area of skill and wonder, from his first compositions he connects spell and depth: *Sublime Art, Omnipresent Love, The Indigenous Princess, On the coast of time, A prayer for peace.*

Henry Joshua Nicol, with a poetic work already entrenched, in addition to being a poet of maxims, he presents in *"Omnipresent Love"* a continuation of the poetics of his previous stage when he was a member of *Arcón de Poesía* and the title is manifest: Between dream and consciousness, between reality and dream, and the result are poems that are read with delight, with a good sense of rhythm, which are offering surprises in their images without presenting particular difficulties of reading. Thus, the contents of which we speak: Love, spirituality, peace, the protection of the environment, the defense of the homeless to have a decent home, the end of wars, the interreligious dialogue, the days of light by the sea, but also what happens when nothing happens, are given in a language that encourages to fly, a statement, in order to poetic efficiency.

In their extraordinarily metaphorical precision, poems invite for certainty. A mystique of love and above all an invitation to the vitality of believing, to soakup the love of God.

Henry Joshua Nicol is the constant, well-written poetic surprise, bright flash as unusual ray of light, like a laugh, when a laugh is profitable. With happy findings *"In the arms of divine love"* or on the sacred *"A sacred solution."* Their similes could be in the songs and in the prayers *"A prayer for peace."* And proverbial his desire for a better world with a poem titled *"The new world order."*

"Omnipresent Love" is an original book, its solid originality, in my opinion, in the unusual approach, background and form, that keep each other these poems, although many of them were written on different dates and stages. There may be tones, varied modulations, but it is always the same voice, that of a *rapsoda* who knows what he says and how to say it, that of a troubadour who feels entangled in a rich Sufi or mystical tradition that of the Murcian Ibn Arabi, philosopher, traveler, Andalusian Muslim sage, and author of this wonderful poem:

> «*My religion is love*»
> «*There was a time,*
> *in which I rejected my neighbor*
> *if your faith was mine.*
> *now my heart is capable*
> *to take all forms:*
> *it is a meadow for gazelles*
> *and a cloister for Christian monks,*
> *temple for idols*
> *and the Kaaba for pilgrims*
> *is a vessel for the Torah boards*
> *and the verses of the Koran*
> *because my religion is love*
> *it doesn't matter*
> *where the caravan of love goes*
> *their way is the path of my faith.*»

The poetry of **Henry Joshua Nicol,** a mature, right and complete poet, is a body whose articulations are the measure, rhythm and melody. Its fit depends on the answer of the ear once recited.

I hope that this poem compilation, these pages, do not leave the reader unharmed when you finish reading it... to remove you and excite you.

Contents: English and Spanish Poems

God's Thoughts

Be a porter of your thoughts and receive perfection,
exclude any fearful thoughts that bring imperfection,
and you will find the harmony in every action,
reality from above destroys limitations,
the healing ministry of love brings inspiration,
and progress is in harmony with new devotion.

Now comes the time to bring to all this blessed Zion,
the kingdom of heaven in us is locomotion,
destroys all fear, disease and death and all reaction
that comes from fear and hate in this imagination,
and perfect thoughts from Christ are now your inspiration,
and you will find the harmony in every action.

Henry Joshua Nicol

Los pensamientos de Dios

Sé el portero de tus pensamientos y recibe perfección,
excluya cualquier pensamiento de miedo que traiga imperfección,
y encontrarás la armonía en cada acción,
realidad de arriba destruye limitaciones,
el ministerio de amor en la curación trae inspiración,
y el progreso está en armonía con nueva devoción.

Ahora viene el tiempo de traer a todo esto el Zion bendito,
el Reino de los Cielos en nosotros es locomoción,
destruye el temor, la enfermedad y la muerte y toda reacción,
que proviene del miedo y el odio en esta imaginación,
y los pensamientos perfectos del Cristo son ahora su inspiración,
y encontrarás la armonía en cada acción.

Henry Joshua Nicol
(Translation from the poem "God's Thoughts")

Art Sublime

If thought is startled with the shades of crime,
or thoughts bombard you with the sinful guile,
then look deeper into your secret rhyme
and fly your dreams through the streams of light;
the light will come and bring the harvest time,
its muse of peace and love with grandeur smile,
illumines art with soul and love sublime
and proves the winds of hate to be futile;
for kindred artists from this glorious light
decor our planet with their graceful art
and bring to light the sinful guile as blight;
for shades of crime are modes of anti-art
and only lasts in their pantheon finite,
for soul remains from God in art to heart.

Henry Joshua Nicol

Arte Sublime

Si el pensamiento está sobresaltado con las sombras del crimen,
o los pensamientos te bombardean con la astucia del pecado,
entonces ve más profundo dentro de tu rima secreta,
y eleva tus pensamientos a través de las corrientes de la luz;
y la luz llegará y traerá el tiempo de cosecha,
su musa de la paz y amor con grandiosa sonrisa,
y prueba los vientos del odio el ser fútiles;
puesto que artistas semejantes de esta luz gloriosa,
decoran nuestro planeta con su arte de gracia,
y traen a la luz la astucia del pecado como plaga,
ya que las sombras del crimen son formas de anti-arte,
y duran solo en el panteón finito,
y el alma permanece de Dios en arte y va al corazón.

Henry Joshua Nicol

Omnipresent Love

First prize in the Floral Events of the Ministerio
de Gobernación, Guatemala

Prisoners of time and space we are,
if in obscure cells of mortal illusions,
living a destiny traveling through clouds,
buried by sadness and listening cries.
Bells keep now ringing:
"The dead are now resting"
but the dreams of a child
are sweet remembrances;
damsel of the dawn in the far corners of time,
blessed rose in the hearts so sad.
Humans pray hopes which fragrantly are
and wake up in glorious eternal destiny;
"All is infinite life,
in your very same presence;
resurrects You the dead,
and springs up existence;
You, God of the heavens, fortress of my soul
forever all conscious, You protect me with love".

Henry Joshua Nicol
(A translation from the poem "Amor Omnipresente", June 12, 1989)

Amor Omnipresente

Primer Premio en los Juegos Florales del Ministerio de
Gobernación de Guatemala 12 de junio de 1989

Prisioneros del tiempo y del espacio somos,
ilusiones mortales en lúgubres celdas,
viviendo un destino que viaja entre las nubes,
la tristeza sepulta y los llantos se escuchan.

Campanas replican: "Ya descansan los muertos",
más los sueños de un niño son dulces recuerdos,
doncella del alba en los linderos del tiempo,
rosa bendita en los corazones muy tristes.

Los humanos oran esperanzas fragantes,
y amanece un destino sempiterno en gloria,
todo es vida infinita en tu misma presencia,
resucitas muertos y les das la existencia.

Las campanas repican en lejanos vientos,
reconfortan sentirte en la almohada del alba;
¿Por qué se ausentaron de la luz de la aurora,
los sabios que buscan e investigan la vida?

Amanece un destino que llega hasta el polvo,
lo pasado y mortal queda atrás en sus rejas,
Tú el llanto consuelas, la vejez reconfortas,
el verano remojas y la lluvia secas.

Todo es vida infinita en tu misma presencia,
y expresarme yo quiero en la paz de Tu mente,
Tú Dios de los cielos fortaleza de mi alma,
por siempre consciente me proteges y me amas.

Henry Joshua Nicol

The Indian Princess

The thunders were roaring,
invaders reported,
the gods were in anger,
our warriors were killed.
What hope for our children,
what place for subsistence
if freedom is murdered
by pale gods with guns?

The chief took then council
with elders in witchcraft
and gave them the order
of killing the princess,
that beautiful princess,
whose eyes were as opals
could serve to bring peace
with her innocent blood.

The time was now closing,
the real with the unreal,
the wide gap of questions,
the cycles of life.
Unfortunate princess,
was it necessary
to bring to an end
the bliss of her heart?

The streams were reflecting
a beautiful figure,
her hair was so pristine
that glowed in the dark.
The princess was bathing,
perfuming with flowers,

eternal in fragrance,
just like her own life.

Could this be the answer
for all her inquiries,
could this be the mission
for her in her life?
For seeds become flowers
and fragrance continues,
and she's a pure fragrance
of innocent beauty.

She questioned the existence
of devilish deities,
for men destroy nature,
and nature is from God.
Aren't all these invaders
just men like our own men
with criminal weapons
and lust in their hearts?

My God is immortal,
he brings all this beauty,
he's not just one God
with criminal mind.
Let them destroy flowers,
like me in this river,
I'll fly to the heavens
and be then a star.

The princess kept talking,
the river was crying,
her pets were comforting,
these last days of spring.

Henry Joshua Nicol

La Princesa Indígena

Los truenos retumbaban,
invasores reportados,
los dioses enojados,
¿Qué esperanza para nuestros niños,
qué lugar para subsistencias,
si la libertad la está matando,
los dioses pálidos con armas?

El jefe tomó entonces consejo,
con ancianos en brujerías
y les dio entonces la orden,
de matar a la princesa,
esa linda princesita,
cuyos ojos eran como ópalos,
podrían servir a establecer la paz,
con su inocente sangre.

El tiempo se estaba acercando,
de lo real con lo irreal,
la amplia gama de preguntas,
los ciclos de la vida.
¿Desafortunada princesita,
sería necesario
traer a un final,
a la dicha de su corazón?

Los riachuelos reflejaban
una linda figura,
su pelo era tan prístino,
resplandeciendo en la obscuridad.
La princesa se bañaba,
perfumada con las flores,

eternales en fragancia,
tales como su propia vida.

¿Podría ser esta la respuesta,
para todas sus preguntas
podría esta ser la misión,
para ella en su vida?
Porque las semillas se vuelven flores,
y la fragancia continua,
y ella es pura fragancia
de belleza inocente.

Ella cuestionó la existencia
de deidades malignas,
de hombres que destruyen la naturaleza,
y la naturaleza es de Dios.
¿No son todos estos invasores,
justamente hombres como nuestros hombres,
con armas criminales
y codicia en sus corazones?

Mi Dios es inmortal,
quien nos trae toda esta belleza,
él no es simplemente un dios más,
con mente criminal.
Permítales que destruyan las flores,
como yo en este río,
yo volaré a los cielos,
y me volveré una estrella.
La princesa siguió hablando,
el río estaba llorando,
sus mascotas la confortaban,
estos últimos días de la primavera.

Henry Joshua Nicol
(Traducción del poema "Indian Princess")

Mermaid Cinderella

Cinderella is your presence,
and with you I want to be,
you are sweet and very pretty,
I will like to love you more.

Tell me how I can see you better,
give you now the best of me,
all the moments that I do see you,
I do want them lasting more.

We have seen each other early,
as we travelled on the sea,
and the sadness has escaped now
with your very pretty youth.

Every time I see you mermaid,
over on and upon the sea,
I do steer mi boat upon it,
with the prism of my love.

Don't attract me with your canticles;
since I could then be shipwrecked,
only lute me with your harps,
when you tell me it's goodbye

In my compass you envision,
your perfume is my compass,
are your eyes two brilliant stars
and my rudder your freshly love.

Henry Joshua Nicol

La Sirena Cenicienta

Cenicienta es tu presencia,
y contigo quiero estar,
eres dulce y siempre hermosa,
hoy quisiera amarte más.

Dime como puedo verte,
darte lo mejor de mí,
los momentos que te veo,
quiero que perduren más.

Hoy nos vimos muy temprano,
y viajamos por la mar,
las tristezas se fugaron,
con tu hermosa juventud.

Cada vez que yo te veo,
por encima de la mar,
timoneo mi navío,
con el prisma del amor.

No me atraigas con tus cánticos,
ya que puedo naufragar,
solo lauda con tus arpas,
al decirme a mi adiós.

En mi brújula te visualizo,
tu perfume es mi compás,
son tus ojos brillantes estrellas,
y el timón tu fresco amor.

Henry Joshua Nicol

The Pirates

Swift as a vulture with a bottle of rum,
on board of the deck of a Spanish galleon,
a pirate of yore with his crew and his son
arrive into port in their battling ship torn,
The pirate spoke hoarse to his crew and his own:
"The Spanish are dead and the treasures we've won,
last seized was this galleon and now let us move on,
the treasure map points to this port that we'll own,
my soul is this rum and the loot my champion,
I will battle my own with my gun and my rum;
in search of the treasure which lies in this stone".

Swift as a vulture with a bottle of rum,
he led everyone to a bone marked "atone",
they spoke uncouth words as they dug on this bone
and found an old coffer with words that are known
the sacred "Commandments" from biblical Sion
were warning intruders from evils they've done,
and blessed those their own lives and then do atone
as sparrows that leave all their nests for life yon
and find a new meaning and make it their own;
so swiftly as they came, were now swiftly far gone,
the pirates of yore with the bottles of rum.

Henry Joshua Nicol

Los piratas

Rápido como un buitre con una botella de ron,
a bordo de la cubierta de un galeón español,
un pirata de antaño con su hijo y tripulación,
llegaron al puerto con su barco averiado en combate.
El pirata habló con voz ronca para él y para su tripulación:
"Los españoles están muertos y sus tesoros son nuestra posesión,
el último incautado fue este galeón y marchamos hacia adelante,
el tesoro del mapa apunta a este puerto y será nuestra apropiación,
mi alma es este ron y el botín mi campeón,
yo batallaré con mi arma y también con mi ron,
en búsqueda del tesoro que descansa en este pedregal".

Rápido como un buitre con una botella de ron,
el dirigió a todos hacia un hueso marcado "expiación",
hablaron palabras incultas en este hueso durante la excavación,
y encontraron un cofre viejo con las palabras conocidas del guion,
las "Bienaventuranzas" sagradas del bíblico Sión,
advertían a intrusos de los males que hicieron del yo,
y bendecían a aquellos que cambiaban sus vidas en expiación,
como gorriones que dejan sus nidos para vida en unión,
y el encontrar nuevo significado y hacerlo para mí el hoy.
Tan rápido como vinieron, tan rápido se marcharon,
los piratas de antaño con las botellas de ron.

Henry Joshua Nicol

The Pirates Reform

The pirates left shore with no treasures in sight
then sailed on their ship as they battled a storm
and came near a wreck with some news to inform,
a night to remember of darkness and fright.

The captain was hoarse and the sailors had frostbite,
they spoke of the dangers and not of reform
to find a new treasure in newly landform;
while using the sextant and compass through the night.

The morning came soon and with it came the light,
an island was spotted with birds and life form,
they landed in safety away from that storm
and captured a man that was dressed in pure white.

The man had a Bible and spoke only right
and said to the pirates; "Why don't you reform?"
Release me and live ye and be in comfort,
and peace be your law in this island of light.

The pirates released him, no reasons to fight,
and found a new meaning with life in new form,
atonement of sins and lucre the norm,
for Christ the Redeemer had freed them from blight.

Henry Joshua Nicol
(*Traducción del poema "The Pirates Reform"*)

Los Piratas se Reforman

Los piratas salieron de la costa sin tesoros a la vista,
navegando en su barco luchando con una tormenta,
y llegaron casi en naufragio con noticias a informar,
una noche para el recuerdo de obscuridad y temor.

El capitán estaba ronco y los marineros congelados,
hablaron de los peligros y no de la reforma,
para encontrar un nuevo tesoro en nueva forma de tierra,
mientras usaban el sextante y el compás toda la noche.

La mañana llegó pronto y con ella llegó la luz,
una isla fue vista con pájaros y nueva forma de vida,
desembarcaron seguros lejos de esa tormenta,
y capturaron a un hombre vestido en blanco puro.

El hombre tenía una Biblia y habló solo la verdad,
y dijo a los piratas: "¿Por qué no se reforman?,
Suéltenme y vivan y estén en confort,
y la paz será vuestra ley en esta isla de luz".

Los piratas lo soltaron; no hay razón para pelear,
y encontraron nuevo significado con vida en forma nueva,
expiación de los pecados y no lucro la norma,
puesto que Cristo redime de este mal.

Henry Joshua Nicol
(*Traducción del poema "The Pirates Reform"*)

A Captain's Journey

A captain sails his ship towards *"infant land"*,
to hide a treasure in this *"wonderland"*,
and puts a mark in rocky *"fairyland"*,
before the wars can sweep away the sand.

Then sails his ship towards *"fatherland"*,
where new mechanics work on his command
and writes in stone a message with his hand
before the waves can sweep away the sand.

Then comes the time to go to *"heavenly ground"*,
and take the treasure back to win a crown,
where waves can't sweep away the truths now found,
for life and truth, and love, are all around.

Henry Joshua Nicol

El viaje del Capitán

Un capitán navega en su barco hacia *"tierra de infantes"*,
para esconder un tesoro en esta *"tierra de maravillas"*,
y pone una marca en la rocosa *"tierra de hadas"*,
antes de que las guerras barran la arena.

Entonces navega su barco hacia *"tierra de los padres"*,
donde nuevos mecánicos trabajan bajo su comando,
y escribe en piedra un mensaje con su mano,
antes que las olas barran la arena.

Entonces llega el momento de ir a *"tierra celestial"*,
y tomar un tesoro devuelta para ganar la corona,
donde las olas no pueden barrer las verdades encontradas,
puesto que la vida, y la verdad, y el amor, están alrededor.

Henry Joshua Nicol
(Traducción de "A Captain's Journey")

On the Shore of Time

My footprints on the shore of time
bequest the world to be more kind
to express more love with gratitude
and banish hate; and fear and feud;
and if the world does not respond
in summer, winter, spring, or yon
in my bequest to live in peace
and stop all wars in timely breeze
then never turn your back toward yore,
nor look in vain to tidal bore,
the tidal wave that marks the grave,
but look instead beyond the wave
to streams of light where stars abide
where hope lives on and brings the tide
of peace on Earth, good will to men
and ripples into hearts amen.

Henry Joshua Nicol

En la Costa del Tiempo

Mis huellas en la costa del tiempo,
hacen un testado al mundo a ser más bueno,
a expresar más amor con gratitud,
y desterrar el odio, el miedo, y lo feudal;
y si el mundo no responde,
en el verano, e invierno, y primavera u otoño,
en mi testado de vivir en paz,
y detener todas las guerras en la brisa eternal;
entonces nunca den su espalda a otros tiempos,
ni vean en vano el subir de la marea,
la subida de la marea que marca la tumba,
pero vean en vez mas allá de las olas,
a las corrientes de la luz donde moran las estrellas,
donde vive la esperanza y trae la marea,
de paz en la Tierra, a los hombres de buena voluntad,
y susurra a los corazones amen.

Henry Joshua Nicol
(Traducción del poema "On the Shore of Time")

In the Rhyme of Time

It's fact or fiction in the rhyme of time
to sing a poem for the sake of art,
enabling those who search in the countryside
upon what's true in thought and heart.

And life immortal comes to be sublime
to those who live with love and then depart,
a fact in time where rhyme is art benign,
it's fact not fiction in the rhyme of time.

Henry Joshua Nicol

En la Rima del Tiempo

Es hecho o ficción en la rima del tiempo,
cantar un poema por provecho del arte,
permitiéndoles a aquellos que indagan en la campiña de la Tierra,
sobre lo que es verdadero en pensamiento y corazón.

Y la vida inmortal llegará a ser sublime,
a aquellos quienes viven con amor y después se van,
un hecho en el tiempo donde la rima es arte benigno,
es hecho no ficción en la rima del tiempo.

Henry Joshua Nicol
(Traducción del poema "In the Rhyme of Time")

The New World Order

There is a new world order,
which orders peace on earth
a peace that brings prosperity
and that is meant for me.

It unifies all nations
and brings new peace on earth,
where love forgives all grievance,
for love does come from God.

This is the new world order,
prophetically pronounced,
where Christians, Jews, and Muslims,
will live with peace and love.

Henry Joshua Nicol

El Nuevo Orden Mundial

Este es el nuevo orden mundial,
que ordena paz en la Tierra,
la paz que trae prosperidad,
y que es para mí.

Unifica todas las naciones,
y trae nueva paz en la Tierra,
donde el amor perdona todo motivo de queja,
porque el amor viene de Dios.

Este es el nuevo orden mundial,
proféticamente pronunciado,
donde los cristianos, judíos y musulmanes,
vivirán en paz y amor.

Henry Joshua Nicol
(Traducción del poema "The New World Order")

A Prayer for Peace

Let's live in peace and with respect
in this short span of earthly life
and mark the end of hate and death
to reach the goal of peace on earth.

The task requires unswerving might,
a fight for peace and end of guns,
preserving life in every way,
and hope will come again, amen.

Henry Joshua Nicol

Una Oración para la paz

Vivamos en paz y con respeto,
en este corto espacio de vida terrestre,
y marquemos el final del odio y la muerte,
para alcanzar la meta de paz en la Tierra.

La tarea requiere inquebrantable poder,
la lucha por la paz y el final de las armas,
preservando la vida en cada forma,
y la esperanza vendrá nuevamente, amén.

Henry Joshua Nicol
(Traducción del poema "A Prayer for Peace")

A Message from Above

I'm here to bring a message from above,
the Christ above all time and space and yore
that teaches us to live in peace and love
with every race or place of birth, O Lord.

So be then kind to all around and praise,
not looking less to one for you unknown
but see your heart and look for something more,
a moral heart and rectitude with love.

Henry Joshua Nicol

Un Mensaje de Arriba

Me encuentro aquí para traerles un mensaje de arriba,
el Cristo más allá del tiempo y del espacio y de otros tiempos,
que nos enseña a vivir en paz y amor,
con cada raza o lugar de nacimiento, O Señor.

Así que seamos más amable *y adoremos*,
no viendo menos a otro que desconocemos,
pero ve a tu corazón y busca algo mejor.
un corazón moral, y rectitud con amor.

Henry Joshua Nicol
(Traducción del poema "A Message from Above")

The Sacred Mission

Love is sharing every moment,
all the good with joy and kindness,
never fearing, never doubting
in this loving sacred mission.

If you are slashed in your life journey,
for the kindness manifested,
just continue without fearing,
and your seed will grow and blossom.

Think how green the pastures will be,
through this faithful ministration,
God rewards the faithful planters
who bring love, and peace to mankind.

Henry Joshua Nicol

La Misión Sagrada

El amor es compartir cada momento,
todo el bien con bondad, y alegría
nunca temiendo, nunca dudando,
en esta amorosa misión sagrada.

Si te critican severamente en tu jornal de tu vida,
por la bondad manifestada,
solo continúa y no temiendo,
y tu semilla crecerá y florecerá.

Piensa cuán verde serán los pastos,
a través de este fiel ministerio,
Dios recompensa a los fieles plantadores,
quienes traen amor, y paz a los humanos.

Henry Joshua Nicol

In Arms of Divine Love

God is the Mind of my being,
the essence of my inspiration,
I rest in His blessed love,
His Word is my eternal unction.

If I encounter dreams of any error,
declaring the Truth I resist the devil
and evil furthers from my being
since I am God's s true reflection.

God is the life immortal,
His love irradiates completeness,
the gifts that God has given me,
I use them toward the task of goodness.

Eternally I live,
in arms of His divinely Love,
irradiating this same Love,
the Christ of my perfection.

Henry Joshua Nicol
*(Translated in Viña del Mar, Chile in 1989 from the poem
"En Brazos del Divino Amor")*

En Brazos del Divino Amor

Dios es la Mente de mi ser,
la esencia de mi inspiración,
descanso en el bendito amor,
su Verbo es mi eterna unción.

Si enfrento sueños de algún mal,
¡declaro el bien, resisto el mal!,
y el mal se aleja de mi ser,
pues soy reflejo de mi Dios.

Dios es la vida inmortal,
su amor irradia plenitud,
los dones que me ha dado Dios,
empleo para hacer el bien.

Eternamente vivo yo,
en brazos del Divino Amor,
e irradio de ese mismo amor,
el Cristo de la perfección.

Henry Joshua Nicol
(Viña del Mar, Chile 1989)

Giving

Love is giving every moment,
all the good with joy and kindness,
never fear the consequences
in this loving sacred mission.

If you hear a bitter answer,
for the kindness manifested,
just continue in your journey,
and your seed will grow and blossom.

Henry Joshua Nicol

Dando

El amor es dar cada momento,
todo el bien con bondad y alegría,
nunca temiendo las consecuencias,
en esta amorosa misión sagrada.

Si usted escucha una agria respuesta,
por la bondad manifestada,
solo continúe en su jornada,
y tu semilla crecerá y florecerá.

Henry Joshua Nicol

A Peaceful Solution

A Jew and a Muslim were cousins and neighbors
and fighting for land in a hateful behavior,
with sacred traditions in their generation,
they hoped that this war could improve their conditions.

Each one had a reason to fight for existence,
the land and their people,
their pride and their conscience,
their hope of survival,
a test for their courage.

But war brings destruction
and not a solution,
for hope comes through peace,
and this peace comes from goodness,
the goodness of God who has made us his image,
the image of God and His infinite goodness.

Henry Joshua Nicol

Una Solución Pacífica

Un judío y un musulmán eran primos y vecinos,
y peleando por la tierra en un odioso comportamiento,
con sagradas tradiciones en su generación,
esperaban que esta guerra mejorara sus condiciones.

Cada uno tenía una razón de pelea por su existencia,
su tierra y su gente,
su orgullo y su conciencia,
su esperanza del sobrevivir,
un examen para su valentía.

Pero la guerra trae destrucción,
y no una solución,
porque la esperanza llega a través de la paz,
y esta paz viene de la bondad,
la bondad de Dios quien nos hizo su imagen,
la imagen de Dios y Su infinita bondad.

Henry Joshua Nicol

A Sacred Solution

Two soldiers were facing each other with tears,
a Jew and a Muslim; were cousins, were neighbors,
their sacred traditions had once separate them,
and land was disputed without a solution.

Each one had a reason to fight for existence,
the price could be death of their children and loved ones,
and never obtain a good land or a pasture
in this sacred war that could lead to destruction.

Each one wanted peace and to dwell as good neighbors,
they hoped that a peace could be reached by their leaders
and stop all these killings, protecting their countries,
and live yet much longer as neighbors in tears.

The two facing soldiers as Cain and Abel
approached each other in savage behavior;
since truce was not settled by prominent people;
through their luminaries of progress and wisdom.

Their moments of anger had broken in tears,
the rage of these soldiers, their bestial behavior,
their hope to survive in this fratricide moment;
had ended in war that could last generations.

And war could be ended by fine mediation,
of neighboring countries and find that conditions;
of final diplomacy can break the traditions,
of quarreling soldiers who now could be brothers.

Henry Joshua Nicol

Una Solución Sagrada

Dos soldados se enfrentaban cada uno con lágrimas,
un judío y un musulmán, eran primos, eran vecinos,
sus sagradas tradiciones una vez los separaron,
y la tierra fue disputada sin ninguna solución.

Cada uno tenía una razón de luchar por la existencia,
el precio podría ser la muerte de sus niños y seres queridos,
y nunca obtener una buena tierra o un pasto,
en esta sagrada guerra que podría llegar a la destrucción.

Cada uno quería la paz y permanecer como buenos vecinos,
cada uno esperaba que la paz fuese alcanzada por sus líderes,
y parar todas estas muertes, protegiendo a sus países,
y vivir aún más tiempo como vecinos en lágrimas.

Los dos soldados enfrentados como Caín y Abel,
se acercaron uno al otro en salvaje comportamiento,
ya que la tregua no fue lograda por personas prominentes,
por sus luminarias de progreso y sabiduría.

Sus momentos de furia habían terminado en lágrimas,
la furia de estos soldados, su bestial comportamiento,
su esperanza de sobrevivir en este momento fratricida,
había terminado en guerra que podría durar generaciones.

Y la guerra podría terminarse por la fina mediación,
de países vecinos y encontrar que las condiciones,
de diplomacia final puedan romper las tradiciones,
de soldados en disputa quienes ahora podrían ser hermanos.

Henry Joshua Nicol

The Power of Love

In the presence of love hope abided
for compassion brings justice and healing,
and the pains of the world love removed
for the power of love God does bring.

So if hate or iniquity cometh
and then pain is no part of your living,
never speak of yourself as not living
but declare that God's love is not myth.

In the presence of love hope abided,
you will find in God's love a new meaning,
and His power eternally is reigning
for He is Lord and of love He is King.

Henry Joshua Nicol

El Poder del Amor

En la presencia del amor la esperanza permanece,
ya que la compasión trae curación y justicia,
y los dolores del mundo el amor remueve,
puesto que el poder del amor Dios nos da.

Si el odio o la iniquidad llegasen,
entonces el dolor no es parte de tu vida,
y nunca hables de ti que no vives,
sino declara que el amor de Dios no es un mito.

En la presencia del amor la esperanza permanece,
tú encontrarás en el amor de Dios un nuevo significado,
y Su poder eternamente reina,
ya que es Nuestro Señor y de su amor Él es Rey.

Henry Joshua Nicol
(Traducción del poema "The Power of Love")

The Stillness of the Storm

Christ Jesus brought peace of a storm as their Savior,
was guest at a ship rocked by turbulent weather,
from stem to the stern all the waters brought terror,
and sailors were doomed to their fate without pleasure.

The tempest was threatening the life of each sailor,
who feared that the end of their lives was now present,
but Jesus rose up from his sleep as their Savior,
ordaining the stillness and the end of this torment.

The sailors kneeled down to the Christ, their redeemer,
and doubted no more on his power over darkness,
who saved them from sinking in this dreary water.

For Christ was now present with mercy that blesses
and proved to the sailors that God has all power,
the power of love that destroys every sadness.

Henry Joshua Nicol

La Quietud de la Tormenta

Cristo Jesús trajo paz de una tormenta como su salvador,
fue huésped en un barco mecido por tiempo turbulento,
de proa a popa todas las aguas trajeron terror,
y los marineros fueron condenados a su destino sin placer.

La tempestad estaba amenazando la vida de cada marinero,
quienes temían que el final de sus vidas estaba ahora presente,
pero Jesús se levantó de su sueño como el salvador
ordenando la quietud y el final de esta tormenta.

Los marineros se arrodillaron al Cristo, su redentor,
y no dudaron más en su poder sobre la obscuridad,
que los salvó de hundirse en esta agua inhóspita.

Pues Cristo estaba ahora presente con misericordia que bendice,
y probó a los marineros que Dios tiene todo el poder,
el poder del amor que destruye cada tristeza.

Henry Joshua Nicol
(Traducción del poema "The Stillness of the Storm")

Fuego del Espíritu

Fuego del Espíritu,
eres protector,
noche y día busco,
tu divina unción.

Vio Moisés tu fuego,
que le iluminó,
y él sacó a su pueblo,
con inspiración.

Apacible viento,
dame tu calor,
te encontró Elías,
como redentor.

Bautizó al Mesías,
en el río Jordán,
le llamó hijo suyo,
y le dio su amor.

Fuego del Espíritu,
eres protector,
noche y día busco,
tu divina unción.

Hablan nuevas lenguas,
los que creen en tí,
y disciernen toda
tu revelación.

Predicando vamos
por el mundo cruel,
y a los pecadores
rescatamos hoy.

Henry Joshua Nicol

Fire of the Spirit

Fire of the Spirit,
you are protecting me
night and day I am seeking,
your divine unction.

Moses saw your fire,
illuminating him,
and he brought his people
with an inspired way.

Gentle wind of Spirit
give me now your warmth,
Elijah found your Spirit
as the redeeming wind.

You baptized the Messiah
in the River Jordan,
and you called him own son,
giving him your love.

Fire of the Spirit,
you are protecting me,
night and day I am seeking
the divine unction.

Newer tongues are spoken
who believes in You,
and discerning Spirit,
revelation is yours.

Preaching here we go
through the cruel world,
and to all the sinners,
we do rescue now.

Henry Joshua Nicol

Durante el Invierno

En un invierno frío,
soñé llevar al cielo mis tristezas,
y en medio de las pruebas,
soñé llegar al cielo con mi Cristo.

Las sombras del desvelo,
quisieron destruir mis oraciones,
callé todas mis dudas,
y pude destruir a éstos muchos demonios.

"En Cristo los reprendo,
cubierto con el Santo Espíritu del Cordero,
El Padre, Verbo, y el Santo Espíritu
permanecen en mi vida cada instante."

¡Legiones alejaos!
los ángeles de Cristo me protegen;
el Cristo no me deja;
y vivo cada instante en Su presencia.

Me espera una cosecha
y es mi deber disfrutarla en este mundo,
ahora es mi primavera
puesto que Cristo ha llegado desde el cielo.

Henry Joshua Nicol
(Translation from the poem "Fuego del Espíritu")

During the Winter

In a cold winter
I dreamed to take to heaven all my sadness,
and in between my trials;
I dreamed to reach the heaven with my Christ.

The shadows of my sleeplessness
intended to destroy my many prayers,
I silenced all my doubts;
and could then destroy these many demons.

"In Christ I reprimand them
covered with the Holy Ghost of God's Lamb;
The Father, Word, and Holy Spirit
abides with me every instant in my life."

¡Legions remove to yonder
for angels of the Christ are here protecting me!;
The Christ does not abandon me;
I live every instance in His presence.

A harvest is awaiting me
and it is my duty to enjoy it in this world;
it is now springtime
since my Christ has arrived to me from heaven.

Henry Joshua Nicol
(A translation from the poem "Durante el Invierno")

La Esperanza

Cuando amar es un anhelo,
un deseo de esperanza,
entre espinos y malezas,
los deseos se declaran,
y la música del cielo,
nos otorga la esperanza,
oraciones de mi alma,
que se escuchan en el viento.

Si el futuro se presagia,
en total incertidumbre,
me detengo en alabanza,
invocando el nombre santo,
de mi Dios quien hizo el cielo,
con su sabia ordenanza,
y su amor que no descansa.

Si el pasado me entristece,
y el vivir es un calvario,
me arrodillo ante Dios Santo,
recordando el sacrificio,
que pagó Jesús con sangre,
para darnos la alegría,
de una salvación eterna,
sin sollozos ni agonías.

Cuando amar es un anhelo,
separados por distancia,
navegando como faros,
los deseos se declaran,
y los faros encendidos,
comunican sus deseos,
me detengo en alabanza,
invocando el nombre santo.

Henry Joshua Nicol

Hope

When to love is a desire,
a desire of hope arriving,
in between the thorns and weeds,
then the hopes are now declaring,
and the music of the heavens
are now giving us the hope;
the prayers of the soul
that we listen in the wind.

If the future is foreboding
with totally uncertainty,
I stop then and glorifying,
do invoke the holy name
of my God who made the heavens
and the boundary of the universe
with His wisely ordinance
and His love that does not rest.

If the past does sadden me
and my living is a Calvary,
I kneel down before my Holy God
and remember the sacrifice
that Jesus paid with blood,
to give us all the joy
from an eternal salvation
without sobs and agonies.

When to love is a desire,
separated by distance,
sailing on as sailing ships
then the hopes are now declaring,
and their beacons lighted up,
communicate their wishes;
I stop then and glorify,
invoking now His holy name.

Henry Joshua Nicol

La Perseverancia

Si dedicas los momentos de tu vida
a vivir la perseverancia por el mundo,
lograrás un beneficio bendecido
que sanará las heridas del pasado.

Si te levantas a orar de madrugada,
sin desmayar hasta ver el resultado,
romperás del enemigo sus cadenas,
en la presencia misma del bendito Cristo.

Si te enfrentases con males y problemas
que quisieran destruir tu fe y tu gozo,
confía en Dios y en tus pruebas persevera,
que cada día nos da Su recompensa.

Si tu fe es como un granito de mostaza,
se elevará como incienso de los santos,
hasta alcanzar la gracia del Padre Santo,
en la presencia misma del Cristo único.

Henry Joshua Nicol

Perseverance

If you dedicate the moments of your life
to live your perseverance through the world,
you will obtain a blessed benefit
that will heal all the wounds of the past.

If you wake up early in the morning to pray
without fainting until seeing its result,
you will break up the chains of the enemy
in the same presence of the blessed Christ.

If you are facing sufferings and problems
that will try to destroy your faith and enjoyment,
trust in God and in your trials persevere
that each day gives us His recompense.

If your faith is like a grain of mustard seed,
it will go up like the incense of the saints
to reach the grace of the Holy Father
in the same presence of the one Christ.

Henry Joshua Nicol

Daydreams

The senseless dreams uncouth in mists of fear,
project a hologram not real but drear,
which glorify unwanted thoughts that peer,
amid the somethingness of life most dear.

So, life goes on with things that we revere,
and senseless sluggard dreams do disappear,
when morning light angelical in its chandelier,
reveal daydream thoughts to be unclear.

Henry Joshua Nicol

Ensueños

Los sueños sin sentido incultos en las neblinas del miedo,
proyectan un holograma no real sino inhóspito,
que glorifican los pensamientos no deseados que escudriñan,
en medio del algo de la vida más preciosa.

Así que la vida continúa con las cosas que veneramos,
y los sueños haraganes y sin sentido desaparecen,
cuando la luz de la mañana angelical en su candelero,
revelan pensamientos de ensueño que no son claros.

Henry Joshua Nicol

A Homeless Child

In the streets in cold December
walks a child alone and hungry,
his clothes are rags and pretty dirty,
no one seems to care for him.

Far from home he just remembers
all the beating he has suffered,
his stepfather drinks like savage,
and his mother sleeps with drugs.

Where to go and have a shelter
and to rest and eat some food
without suffering more damages
and to play with other kids?

He can't go to tell the story
to police who beat on people
who could take him to his parents
locking him in prison walls?

Who will care to give him shelter
if mankind runs in and out?
Could he find a home or shelter
or just sleep and dream and die?

Henry Joshua Nicol

Un Niño sin Hogar

En las calles en el frío diciembre
caminaba un niño solo y hambriento,
sus ropajes eran harapos y muy sucios,
ninguno parecía cuidar por él.

Lejos de su casa él solo recordaba,
todos los golpes que había sufrido,
su padrastro tomaba licor como salvaje,
y su madre dormía con las drogas.

¿A dónde ir para tener un refugio,
y descansar y comer alguna comida,
sin sufrir más daño,
y jugar con otros niños?

No podría ir a contar la historia
a policías que golpeaban a la gente,
quienes pudieran llevarlo a sus padres,
encerrándolo en paredes de prisión?

¿Quién tomaría cuidado de darle refugio,
si la humanidad corría para adentro y hacia afuera?
¿Podría encontrar un hogar o un refugio
o solamente dormir y soñar y morir?

Henry Joshua Nicol

Niño Vagabundo

No importa si el mundo te ignora,
pregúntale a Dios si te ama,
en ese silencio de un mundo perdido,
tú puedes buscar la comida, albergue y demás.

Hay siempre humanos conscientes,
muy lejos del mundo en tensión,
tú estás en las puertas del triunfo
si buscas el Reino de Dios.

Hoy busca una iglesia, un rostro de amigo,
y un hijo de Dios te dará tu sustento,
albergue, trabajo y honor.

Tus penas, tristezas, te harán más humano,
y cuando algún día te encuentres maduro,
podrás ayudar a un niño perdido
y traerlo a los brazos de Dios.

Los vicios, las drogas solo te destruyen,
las lágrimas sirven para arrepentirte,
y es Dios quien te ama y quiere salvarte,
y quiere encontrarte feliz.

Hoy busca una iglesia, un rostro de amigo,
y un hijo de Dios te dará tu sustento,
albergue, trabajo y honor.

Henry Joshua Nicol

Vagabond Child

It does not matter if the world is ignoring you,
just ask God if he loves you,
in this silence of a lost world,
you may look for the food, a shelter, and so on.

There are always humans that are conscious,
far away from a world in tension,
you are at the doors of the triumph,
if you look for the kingdom of God.

Today look for a church, a face of a friend,
and a son of God will give you your support,
a shelter, a work, and honor.

Your worries, sadness, will make you more human,
and when some day you become more mature,
you may help a child that is lost
and bring him to the arms of God.

The vices, the drugs only will destroy you,
the tears help us to repent,
and God is who loves you and wants to save you
and find you with joy.

Today look for a church, a face of a friend,
and a Son of God will give you support,
a shelter, a work and honor.

Henry Joshua Nicol

A Modern Samaritan

There was a young man who lived in torment,
who suffered addiction from drugs and cocaine,
his misery brought him to think on suicide,
he'd lost every hope in himself and in God.

A modern Samaritan speaking new light
with hopes of new hope that irradiate light
brought healing, salvation, and strength to this man,
a pariah that slept on the streets of the world.

Tears came as the dew from his eyes to his feet,
his tears were repentance, catharsis, new birth,
the freedom that meant a new light of God's Truth
had come as a rainbow to him after dark.

The modern Samaritan leaves fine this new man
with gratitude, joy, and a freedom to live,
expecting to see what he will then reap,
another Samaritan with hope through God's light.

Henry Joshua Nicol

Un Moderno Samaritano

Había un hombre joven que vivía en tormento,
que sufría de adicción de las drogas y de la cocaína,
su miseria lo trajo a pensar en el suicidio,
había perdido toda esperanza en sí mismo y en Dios.

Un moderno samaritano hablando de una nueva luz,
Con esperanzas de una nueva esperanza que irradiaba la luz,
trajo esperanza, salvación y fortaleza a éste hombre,
un paria que dormía en las calles del mundo.

Las lágrimas como rocío llegaron de sus ojos hacia sus pies,
sus lágrimas eran arrepentimiento, catarsis y nuevo nacimiento,
la libertad que significaba una nueva luz de la Verdad de Dios,
había llegado como un arco iris a él en la obscuridad.

El moderno samaritano deja bien a éste nuevo hombre,
con gratitud, alegría, y con libertad para vivir,
esperando ver lo que iba a cosechar,
otro samaritano con esperanza a través de la luz de Dios.

Henry Joshua Nicol

It's Easter

It's Easter, glorious Easter,
a glorious celebration
of Jesus resurrection
and later his ascension.

It's Easter, glorious Easter,
a source for inspiration,
eternal life in action,
brings hope to every nation.

Henry Joshua Nicol

Es Pascua de Resurrección

Es la Pascua, gloriosa Pascua,
celebración gloriosa
de la resurrección de Jesús,
y luego de su ascensión.

Es la Pascua, gloriosa Pascua,
una fuente de inspiración,
vida eterna en acción,
trae esperanza a toda nación.

Henry Joshua Nicol

Christmas on the Sidewalk

It was almost Christmas morning
when the stores delight with colors,
and the people rush with madness,
waiting for the blessed day;
when I heard a call for mercy,
an old lady needing shelter,
a hot soup, a cup of coffee,
simply a hand to make her warm.

I came then in sacred mission,
giving her my coat and sweater,
and she saw the heavens open
as she thanked me with her heart;
and she fell down on the sidewalk,
thanking me for her last supper,
her last words were for the angels:
"Thank you, God and my dear son,".

Henry Joshua Nicol

Navidad en la Banqueta

Era casi la mañana de Navidad,
cuando las tiendas se deleitan con colores,
y la gente se apresura con locura,
esperando el bendito día;
cuando escuché un llamado de misericordia,
una mujer de edad en necesidad de albergue,
una sopa caliente, o una taza de café,
simplemente una mano para calentarse.

Llegué allí con sagrada misión,
dándole mi abrigo y suéter,
y ella vio los cielos abiertos,
dándome gracias con su corazón;
y se desplomó en la banqueta,
dándome gracias por su última cena,
sus palabras finales eran para los ángeles,
"Gracias Dios y mi querido hijo".

Henry Joshua Nicol

Beggars in Christmas Morning

The moon was now shining,
the beggars were counting,
the pennies with hunger
their fate without dreaming,
their sorrows with mourning,
their life, their disaster.

They started their planning
of selling a youngster,
for shelter and bedding,
for food and for drinking,
and killing the mother
while she was now sleeping.

But life was not ending
for innocent praying,
when deeds are a prayer;
and mother and youngster
were offered a living
in this Christmas morning.

Henry Joshua Nicol

Pordioseros en la Mañana de Navidad

La luna estaba alumbrando,
los pordioseros estaban contando
las monedas con hambre,
sus destinos sin soñar,
sus vidas, y sus desastres.

Comenzaron a planear
de vender al pequeñuelo
por albergue y ropaje de cama,
por comida y bebida,
y matar a la madre,
mientras estaba dormida.

Pero la vida no estaba acabando,
ya que la oración inocente,
cuando las acciones son la oración;
la madre y el pequeño
fueron ofrecidos la vida
en esta mañana de Navidad.

Henry Joshua Nicol

The Fate of the Countess

One hundred black stallions
were marching in tears,
the funeral darkened,
the city of New York;
a countess in misery,
was dying of hunger,
her heavenly husband
had gambled his life.

She loved her dear husband
and served him with loyalty,
her dignity stopped her
from asking for alms;
today she had widowed,
and next she'll be buried,
her tears fell on bread crumbs
and went on to sleep.

Henry Joshua Nicol

El Destino de la Condesa

Cien caballos padrillos
marchaban en lágrimas,
el funeral obscureció
la ciudad de Nueva York;
una condesa en miseria
moría del hambre,
su celestial esposo
había apostado su vida.

Ella amaba a su querido esposo,
sirviéndole con lealtad,
su dignidad la detenía
de pedir limosnas;
hoy había enviudado,
y en lo siguiente sería enterrada,
sus lágrimas cayeron en migas de pan
y se fue a dormir.

Henry Joshua Nicol

Orion's Myth

I dreamed vicariously for peace on earth
and traveled rapidly into interspace
in search for answers to the populace
who seek for better ways than death and dearth;
and as I reached Orion's staring gaze,
I thought once more that myths leave but a trace,
Orion's constellation is down to earth,
a gift from God who made all things with grace.

I dreamed vicariously for peace on earth
and reached Orion with its staring gaze,
which lived as symbol of a myth in space,
in ancient Greece and as a hunter death;
and as an answer to my search in place,
I looked to Jesus to my Savior's grace,
who came to preach us love and peace on earth,
a gift from God who made all things with grace.

Henry Joshua Nicol

El Mito de Orión

Soñé indirectamente por la paz de la Tierra,
y viajé rápidamente entre el espacio,
buscando respuestas para el populacho,
quienes buscan mejores cosas que la muerte y la carencia;
y al alcanzar la mirada saltona de Orión,
pensé una vez más que los mitos dejan solo un trazo,
la constelación de Orión es realista,
un regalo de Dios que ha hecho todas las cosas con gracia.

Soñé indirectamente por la paz de la Tierra,
y llegué a Orión con su mirada saltona,
que vive como un símbolo de cazador de muerte,
y como respuesta a mi búsqueda en su lugar,
miré a Jesús a mi salvador de gracia,
quien vino a predicar el amor y la paz en la Tierra,
un regalo de Dios el cual hizo todas las cosas con gracia.

Henry Joshua Nicol

Chess

Chess is a game for all people to learn,
strategy to use in all facets of life,
reason before you begin any move,
decide then your plan and develop your scheme.

If unexpected events change your plans,
balance positions, accounts, and your time,
bring newer viewpoints, decisions, and thoughts,
and you will choose to attack or defend.

Fresh new decisions determine new goals
until is time to see pictures more clear
or just remain in the best status quo,
your small advantage creates your success.

Trust in yourself and don't fear any foe,
analyze deep every move, every thought,
know that God gives you the talents to use
and to enjoy every art of the game.

Henry Joshua Nicol

Ajedrez

El ajedrez es un juego para todas las personas que aprendan,
la estrategia a usar en todas las fases de la vida,
razone antes de comenzar cualquier movida,
luego decida su plan y desarrolle su esquema.

Si eventos inesperados cambian sus planes,
balancee posiciones, las cuentas y su tiempo,
traiga nuevos puntos de vista, decisiones y pensamientos,
y usted escogerá si debe atacar o defender.

Nuevas decisiones frescas determinan nuevos planes,
hasta que sea tiempo de ver cuadros más claros,
o solo quedarse en el mejor status quo,
su pequeña ventaja crea su éxito.

Confíe en usted y no tema cualquier enemigo,
analice profundo cada movida, cada pensamiento,
sepa que Dios le da los talentos para el uso,
y para disfrutar cada arte del juego.

Henry Joshua Nicol

The Final Journey

My plane is now ready to take off and go,
my heart and the motors sound one in itself,
as life in the cosmos, I'm one with this whole,
this living momentum departing on time.

I leave now the clouds in their peaceful delight,
my past now lies down in these pillows of the dawn,
is good to remember the good of the past
and wait for the future in the riddle of life.

I reach then the sky and the moon and the stars,
my thoughts go forever in the winds of the times,
where life is recycling perpetually now,
clocks time now to land or to crush on the earth.

My thoughts are disturbed as I see darkness come,
my worries escape in the corners of sight,
the angelical garden has darkened below,
is time now to pray and to chant a new song.

A sudden announcement comes from our captain,
your death has been conquered in the kingdom of God,
where life never ends and the light is the Truth,
you'll know who you are as you step from the plane.

Henry Joshua Nicol

La Jornada Final

Mi avión está ahora listo para despegar y salir,
mi corazón y los motores suenan como uno en sí,
como la vida en el cosmos, soy uno con este todo,
este momento de vida despegando a tiempo.

Dejo ahora las nubes en su delicia de paz,
mi pasado ahora permanece en estas almohadas del alba,
es bueno recordar el bien del pasado,
esperar para el futuro en el acertijo de la vida.

Llego entonces al cielo, y a la luna, y a las estrellas,
mis pensamientos van para siempre en los vientos de los tiempos,
donde la vida se recicla perpetuamente en el ahora,
los relojes marcan que es hora de aterrizar o estrellarse en la Tierra.

Mis pensamientos están molestos cuando veo la obscuridad venir,
mis preocupaciones se escapan en los linderos de la vista,
el jardín angelical se ha obscurecido abajo,
es tiempo ahora de orar y cantar una nueva canción.

Un anuncio súbito llega de nuestro capitán,
su muerte ha sido conquistada en el Reino de Dios,
donde la vida nunca termina y la luz es la Verdad,
usted sabrá quién es al bajarse del avión.

Henry Joshua Nicol

Hacia la Eternidad

Con los ruidos de las máquinas,
se va la humanidad;
¿a dónde?

Con los ruidos de las máquinas,
se van los robots;
¿a dónde?

Por un camino frío o cálido,
¿a dónde?

¿a dónde humanidad y robots?

Respuesta: Se van como pensamientos eternales.

Henry Joshua Nicol

Towards Eternity

With the noises of the machines,
go humanity;
whereto?

With the noises of the machines,
go the robots;
whereto?

Through a cold or warm path,
whereto?

Where do humanity and robots go?

Response: they go as eternal thoughts.

Henry Joshua Nicol

Voices of Nature

It was spring in the meadows
where the fauna and the flora
kiss the winds and the sunlight
in romantic perfection.

It was love in this manger
where the fertile resources
in this floral palatial
bring the voices of spring.

And the farmers in labour
share the hope of their fruitage
with the dreams of their prayers
and the voices of nature.

Henry Joshua Nicol

Voces de la Naturaleza

Era primavera en las praderas,
donde la fauna y la flora,
besan los vientos y la luz del sol,
en perfección romántica.

Era el amor en este pesebre,
donde los recursos fértiles,
en este palacio floral,
traen las voces de la primavera.

Y los granjeros en el trabajo,
comparten la esperanza de sus frutos,
con los sueños de sus oraciones,
y las voces de la naturaleza.

Henry Joshua Nicol

A Voice in Spring

It was a crystal morning in the spring,
a blue and heavenly order from on high,
a tranquil melody refreshing all,
the blessed nature, mountains, rivers, lakes, and man,
abiding in God's perfect plan of sacred love.

It was the Christ's own blessing from above,
the Holy Ghost descending as a dove
that came this crystal morning in the spring
and spoke the very word of Truth and Love,
"Let there be light and there was light", it's love.

Henry Joshua Nicol

Una voz en la primavera

Era una cristalina mañana en la primavera,
Un orden azul y celestial desde lo alto,
una melodía tranquila refrescándolo todo,
la naturaleza bendita, las montañas, los ríos, los lagos, y el hombre
permaneciendo en el plan perfecto de Dios de amor sagrado.

Era la bendición propia del Cristo desde lo alto,
El Espíritu Santo descendiendo como paloma,
que llegó esta mañana cristalina en la primavera,
y habló la misma palabra de Verdad y de Amor,
"Haya luz y fue la luz", es el amor.

Henry Joshua Nicol

Maple Tree

I glanced upon my maple tree,
where color fantasies in dreams,
revealing life and love to me
in secret words from leaves in spring.

I watched the squirrels jump on the tree,
the simple life of living free,
translating secrets from their dreams,
which live upon this maple tree.

I glanced again upon this tree,
who tells his story to the winds,
the falling leaves, a barren tree,
and days return in days of spring.

I learned to love to be a beam,
just like this maple tree in spring,
who nurtures into wisdom streams
and sends its story to the winds.

Henry Joshua Nicol

Mi Árbol de Arce

Yo di un vistazo a mi árbol de arce,
donde el color fantasía en sueños,
revelando la vida y el amor en mí,
en palabras secretas de las hojas en la primavera.

Observé las ardillas brincar en el árbol,
la vida sencilla de vivir libremente,
tradujo secretos de sus sueños,
los cuales viven sobre este árbol de arce.

Yo di un vistazo de nuevo sobre este árbol,
que cuenta su historia a los vientos,
las hojas cayendo, un árbol sin hojas,
y los días regresan en días de primavera.

Aprendí a amar y ser un haz de luz,
tal como este árbol de arce en la primavera,
que se nutre dentro de las corrientes de la sabiduría,
y manda su historia a los vientos.

Henry Joshua Nicol
(Poema original escrito en inglés "Maple Tree")

My Deceased Brother Roy

My dear brother Roy lives forever in glory,
he's gone far beyond this human experience
to the presence of God where God's love is supreme
and is Truth and is Life and is home for dear Roy.

In our childhood we played, and we learned from our parents
many spiritual truths, many wonderful things,
when Dad prayed for our health, we were healed right away,
for God's Truth is at hand so we learned from them both.

Dad's sight was recovered after closing his eyes,
when he sat down in prayer where God's presence is Love,
he removed then his glasses once his eyesight was healed,
in the presence of Love, in the presence of Love.

My dear brother Roy lives forever in glory,
he's gone far beyond this human experience,
to the presence of God where God's love is supreme,
and is Truth and is Life and is home for dear Roy.

Henry Joshua Nicol
(In memory of my brother May 21, 2010)

Mi Fallecido Hermano Roy

Mi querido hermano Roy vive para siempre en gloria,
se ha ido más allá de esta experiencia humana,
a la presencia de Dios donde el amor de Dios es supremo,
y es Verdad, y es Vida, y es hogar para mi querido Roy.

En nuestra niñez jugamos y aprendimos de nuestros padres,
muchas verdades espirituales, muchas cosas maravillosas
cuando papá oraba por nuestra salud, éramos sanados de inmediato,
porque la Verdad de Dios está a la mano y lo aprendimos de ellos.

La vista de nuestro padre fue recuperada cuando cerró sus ojos,
cuando se sentó en oración donde la presencia de Dios es amor,
él removió sus lentes una vez su vista fue sanada,
en la presencia del amor, en la presencia del amor.

Mi querido hermano Roy vive para siempre en gloria,
se ha ido más allá de esta experiencia humana,
a la presencia de Dios donde el amor de Dios es supremo,
y es Verdad, y es Vida, y es hogar para mi querido Roy.

Henry Joshua Nicol
(En memoria de mi hermano 21 de mayo del 2010)

Jezelle

Jezelle, my dog, how could you die
and sleep in those green pastures of a newborn sky
when all around my love embodied for thee
does live eternally with thee over time?

Farewell, Jezelle, my noble dog so meek
with purer thoughts so far from human sigh
has left this world of wars to live in peace
and find a life of peace away from strife.

The time will come when I will come to thee
and feed my love embodied for thee in yonder sky,
where time and space do stop eternally
and all-around God lives and gives us life.

Henry Joshua Nicol
(Originally written in English)

Jezelle

Jezelle, mi perro, ¿cómo pudiste morir,
y dormir en esos pastos verdes de un nuevo cielo,
cuando todo alrededor, y plasmado, mi amor por ti,
vive eternamente contigo sobre el tiempo?

¡Adiós!, Jezelle, mi noble perro tan manso,
con ojos más puros lejos del suspiro humano,
has salido de este mundo de guerras para vivir en paz,
y encontrar una vida de paz lejos del conflicto.

El tiempo vendrá cuando yo llegue a ti,
y alimente mi amor para ti allá en el cielo,
donde el tiempo y el espacio se detienen eternamente,
y en todo el alrededor Dios vive y nos da la vida.

Henry Joshua Nicol
(Poema original escrito en inglés)

Luke, Big Guy, Jezelle, and Sisko Kid

Is the story of our dear dogs that we had with my wife,
we lamented first the passing of our soccer player Luke,
who did play with great agility every ball that came to him,
and we suffered great his loss finding then a newer dog.

We did find with great resemblance a dog that we named Big Guy,
who had kindness in his heart and licked us all with his dear love
and was genius and surprised us with his sharp and noble heart
and left us also to the heavens with Jezelle and Sisko Kid.

All these dogs have a new beginning
and are playing in God's grounds
with a shepherd Christ our Savior
and remembering us in thought.

Henry Joshua Nicol

Luke, Big Guy, Jezelle, and Sisko Kid

Es la historia de nuestros lindos perros que tuvimos con mi esposa,
lamentamos primero el deceso de nuestro jugador de futbol Luke,
quien jugó con gran agilidad cada pelota que le llegaba,
y sufrimos grandemente su pérdida, y encontramos un perro nuevo,

Encontramos gran parecido en un perro que llamamos Big Guy,
quien tenía un corazón cariñoso, y nos lamía con su querido amor,
y era genial y nos sorprendía con su perspicaz y noble corazón,
y nos dejó también hacia los cielos con Jezelle y Sisko Kid.

Todos estos perros tienen un nuevo comienzo,
y están jugando en la tierra de Dios,
con un pastor el Cristo nuestro Salvador,
recordándonos en sus pensamientos.

Henry Joshua Nicol
(Traducción al español del poema en inglés)

Our Dogs

Our dogs require feeding
and grooming and caring,
it's thrilling to care for
the natural pleasures
that come from their natures
in everyday chore.

When speaking of barking,
the squirrels are now talking
and staying on treetops,
away from the dog food,
so healthy and good
in the teeth of these dogs.

Henry Joshua Nicol

Nuestros Perros

Nuestros perros requieren comida,
peinarlos y cuidarlos,
es emocionante atender
los placeres naturales
que provienen de sus naturalezas,
en cada tarea diaria.

Cuando hablamos de sus ladridos,
las ardillas están ahora hablando,
y manteniéndose en las copas de los árboles,
afuera de la comida de los perros,
tan saludable y buena,
en los dientes de estos perros.

Henry Joshua Nicol
(Traducción del poema "Our Dogs")

Prairie Dogs

"Could there be a time for a peaceful solution
to care for each other, in this living experience?",
replied with his eyes, a dog prairie companion,
as humans tore down his own home and his children.

He couldn't defend them; his own ecosystem
was threatened to end on the wheels of bulldozers
or shot down by hands of these giant newcomers
who brought down the message of worldly destruction.

He asked for compassion, suspiring and breathing,
he begged for the water, the food, and his homeland,
a right for a living, a justice for dreaming,
as pet or companion or run for existence.

He prayed as he watched me embracing my dear dogs,
perhaps he was hoping I could stop all these killings
and bring new horizons, a brighter new morrow,
where humans could live with new prairie companions.

Henry Joshua Nicol

Perros de la Pradera

"¿Podría haber un tiempo para una solución pacífica,
para cuidar uno al otro, en esta experiencia de la vida?",
replicó con sus ojos un compañero de perro en la pradera,
mientras los humanos hacían pedazos su propio hogar y sus hijos.

Él no podía defenderlos; su propio ecosistema
estaba amenazado de terminar en las ruedas de motoniveladoras
o baleados por las manos de estos gigantes recién llegados,
quienes trajeron el mensaje de destrucción mundial.

Él pidió compasión, suspirando y respirando,
él suplicó por el agua, la comida, y su tierra,
un derecho a la vida, y a la justicia de su sueño
como mascota o compañero, o correr para su existencia.

Él oró mientras me miraba abrazando mis perros queridos,
quizás esperaba que yo pudiese parar todas estas matanzas,
y traer nuevos horizontes, un mañana más brillante,
donde humanos podrían vivir con nuevos compañeros de la pradera.

Henry Joshua Nicol

Sparrows

Sparrows traveling in the breeze of spring,
wandering on the eve of day,
sweetening every fragrant air
with the music of their songs,
never ending, never more,
but as seasons change in time,
so do sparrows fly and go,
looking for their food and lodge.

What do sparrows do for us
in this modern human world?
Could they teach us simple life
to forget the stress of times?
We could be more loving kind
and be still as nature sings;
we'll declare that we are one.

Henry Joshua Nicol

Gorriones

Gorriones viajando en la brisa de la primavera,
divagando en el atardecer del día,
dulcificando cada aire fragante,
con la música de sus canciones,
nunca terminando, nunca más,
pero como las estaciones cambian en el tiempo,
también los gorriones vuelan y se van,
buscando la comida y el albergue.

¿Qué hacen los gorriones por nosotros,
en este moderno mundo humano?
¿Podrían enseñarnos la vida simple,
para olvidarnos del estrés de los tiempos?
Podríamos ser más amorosos,
y estar quietos mientras la naturaleza canta,
y declararemos que somos uno.

Henry Joshua Nicol
(Traducido del poema en inglés Sparrows)

The Quetzal

Majestic bird of Mayan land,
which flew above Tecún Umán,
escaping from the Spaniards sight
was such a bird, the Quetzal bird,
the Quetzalcoatl of the skies.

This royal bird with snake like tail
with shades of green and white and red
could not submit to conquerors' rule
and loose its splendor in a cage.

And history tells that this great bird
is rare to find in jungle land
for human hands have killed Quetzales,
protected species of the skies,
splendor extravagant to find.

Henry Joshua Nicol

El Quetzal

Pájaro majestuoso de la tierra Maya,
que voló encima de Tecún Umán,
escapando de la vista de los españoles,
era este pájaro, el pájaro Quetzal,
el Quetzalcóatl de los cielos.

Este pájaro real con cola de serpiente,
con tonos de verde y de blanco y de rojo,
no podía someterse a la regla de los conquistadores,
y perder su esplendor en una jaula.

Y la historia nos indica que este gran pájaro,
es difícil de encontrar en la tierra de la selva,
ya que las manos humanas han matado Quetzales,
especie protegida de los cielos
Extravagante esplendor de encontrar.

Henry Joshua Nicol
(Poema traducido del inglés "The Quetzal")

Rose of Sharon

When the day seems slow and foggy,
with a breeze so cold that knocks me,
is then time to be a prism
and receive the light from God.

I have witnessed His protection,
which does bring me to His love,
I can then rejoice in gladness
full of love and joy profound.

God has given me a garden
and the gardener of this rose,
Rose of Sharon, you have brought me
love and joy forever young.

Henry Joshua Nicol

Rosa de Sharon

Cuando el día parece lento y nublado,
con una brisa tan fría que me bota,
es entonces el momento de ser un prisma,
y recibir la luz de Dios.

He contemplado Su protección,
que me trae a Su amor,
puedo regocijarme en alegría,
lleno de amor y alegría profunda.

Dios me ha dado un jardín,
y el jardinero de esta rosa,
Rosa de Sharon tú me has traído
amor y alegría siempre joven

Henry Joshua Nicol

Existential Crisis

A beacon of light in this twilight of darkness,
existential crisis, the house is on fire,
the planet is dying its flora and fauna
with fires and destruction
from winds and germ warfare.

Billions of animals have died and have suffered,
existential crisis, the house is on fire,
the planet is dying its flora and fauna.
How dare you destroy God's magnificent planet?
We need climate justice and to protect our environment.

Reverse this pollution, stop greenhouse gases,
existential crisis, the house is on fire,
no more chemical warfare producing extinction,
we need climate justice in this twilight of darkness,
a beacon of light protecting God's planet.

Henry Joshua Nicol

Crisis Existencial

Un faro de luz en este crepúsculo de la noche,
crisis existencial, la casa está en fuego,
el planeta está muriendo su flora y su fauna,
con fuegos y destrucción,
de vientos y guerra de gérmenes.

Billones de animales han muerto y han sufrido,
crisis existencial, la casa está en fuego,
el planeta está muriendo su flora y su fauna;
¿Cómo se atreve usted a destruir este magnífico planeta de Dios?
Necesitamos justicia climática y proteger muestro medio ambiente.

Invierta esta polución, y detengan la emisión de gases,
crisis existencial, la casa está en fuego,
no más guerra química produciendo extinción.
Necesitamos justicia climática en el crepúsculo de la noche,
un faro de luz protegiendo el planeta de Dios.

Henry Joshua Nicol
(Traducido del poema en inglés "Existential Crisis")

Edna

Adieu, farewell, and is now time to say goodbye,
from human life towards life in heaven;
a very good mother, an example for humanity;
Edna, my mother-in-law, is a sacred mother.

My mother-in-law cared for us and for our dogs,
she left with us in cruises, to trips, and to good restaurants,
and came to our home when she was healthy and well;
Edna, my mother-in-law is a sacred mother.

Her problem was age, and the loss of her health;
she kept up her poise and her good remembrances,
she rests now in peace in God's heavenly presence,
Edna, my mother-in-law, is a sacred mother.

Henry Joshua Nicol
May 9, 2020

Edna

Adiós y hasta luego, y es hora de decir adiós
de la vida humana y hacia la vida en el cielo.
Una buena madre y un ejemplo de humanidad;
Edna, mi suegra, es una madre sagrada.

Mi suegra nos cuidaba y también a nuestros perros,
salía con nosotros en cruceros, en viajes y a los restaurantes
llegando a nuestra casa cuando su salud era buena;
Edna, mi suegra, es una madre sagrada.

Su problema fue su edad y la pérdida de su salud,
mantuvo su porte y sus buenos recuerdos,
y hoy descansa en paz con Dios en su celestial presencia,
Edna, mi suegra, es una madre sagrada.

Henry Joshua Nicol
(Traducido del poema en inglés, 10 de mayo del 2020)

In the Heavenly Realm

In the heavenly realm
there is only perfection
life is all and is eternal
man is truthful and is immortal;
God declares that Christ is present.

In this heavenly realm
God declares His perfection,
substance and soul are spiritual
man is made in God's image;
harmony is ever present.

In this Kingdom of Heaven,
God is infinite Mind
and His Principle governs
all His creation in order;
and His love expresses His glory.

In this heavenly realm
life is all and is eternal,
love is life and is eternal substance
His creation reflects His goodness;
God declares His Christ is present.

Henry Joshua Nicol

En el Reino Celestial

En el Reino Celestial
solo existe perfección
la vida es todo y es eterna
y el hombre es verdadero e inmortal;
Dios declara que Cristo está presente.

En el Reino Celestial
Dios declara Su perfección
la substancia y el alma son espirituales
y el hombre está hecho a la imagen de Dios;
la armonía está siempre presente.

En éste Reino de los Cielos,
Dios es la mente infinita
y su principio gobierna
toda Su creación en orden;
y Su amor expresa su gloria.

En éste Reino Celestial
la vida es todo y es eterna
el amor es vida y es substancia eterna
su creación refleja Su bondad;
y Dios declara que Cristo está presente.

Henry Joshua Nicol

About the Author

Henry Joshua Nicol was born in Guatemala City in 1947, son of Henry Joaquín Nicol Elizondo a businessman with a dual nationality British and Nicaraguan, and his mother Amalia Sandoval de Nicol from Guatemala, a businesswoman and housewife.

Since his childhood, he studied in a private school, and his favorite schoolteacher Graciela de Castro Conde was a well-known poetical declaimer too. The author was influenced to write poetry in Spanish in his early childhood and had the best grades in school.

He was a well-known person coming from a prominent business family and was a member both of a poetical club *Arcón de Poesía*, and of the Guatemalan Chess Federation and a good Sunday School student in his church. Later on in 1989, he was awarded first prize in the National Floral events in poetry of the Ministerio de Gobernación with his poem "Amor Omnipresente", which he later translated into English and appeared here in this manuscript.

He left Guatemala to the United States of America and became a United States citizen; and wrote poems in Colorado for <u>poetry. com</u>, and the *National Library of Poetry*, and at the present time he is including poems in English and in Spanish of a superb quality as a gift from him to the poetical community of the world.

Sobre el Autor

Henry Joshua Nicol nació en la ciudad capital de Guatemala en 1947, hijo de Henry Joaquín Nicol Elizondo un comerciante con doble nacionalidad inglés y nicaragüense, y su mamá, Amalia Sandoval de Nicol de Guatemala fue comerciante y ama de hogar.

Desde su niñez él estudió en un colegio privado y su maestra favorita era Graciela de Castro Conde una bien conocida declamadora de poesía así que el autor fue influenciado a escribir poesía en español durante su niñez, y también tenía las mejores calificaciones en el colegio.

Él era una persona bien conocida viniendo de una familia prominente en los negocios y también fue miembro del club poético *Arcón de Poesía* así como de la Federación Nacional de Ajedrez y buen estudiante de la Escuela Dominical de su iglesia. Más adelante en 1989 fue premiado con el Primer Premio en los juegos Florales del Ministerio de Gobernación con su poema *"Amor Omnipresente"* el cual más adelante tradujo al inglés y aparece aquí en este libro.

Él salió de Guatemala hacia los Estados Unidos de América y se volvió ciudadano de los Estados Unidos de América, y escribió poemas en Colorado para poetry.com y para la *National Library of Poetry* y en el tiempo presente está incluyendo poemas en inglés y en español de una cualidad superior como un regalo de él para la comunidad poética del mundo